바다의 일생

이 도서의 국립중앙도서관 출판시도서목록(CIP)은 e-CIP 홈페이지
(http://www.nl.go.kr/cip.php)에서 이용하실 수 있습니다.
(CIP 제어번호 : CIP2007003502)

화남의 시집 016

바다의 일생

초판 1쇄 인쇄_2007년 11월 13일
초판 1쇄 발행_2007년 11월 20일

지은이_김영현
펴낸이_방남수
펴낸곳_화남
(121-820) 서울시 마포구 망원동 377-1 로얄프라자 602호
전화_(02)3142~4787 팩스_(02)3142~4784
등록_제2-1831호(1994.9.26)
e-mail_hwanambang@hanmail.net

편집고문_ 김영현
기획 · 편집위원_홍일선 이승철 이재무 현준만
디자인 · 편집_안인복 정고은

ISBN 978-89-90553-98-0 02810
값 7,000원

화남의 시집 016

바다의 일생

김영현 시집

화남

자서

언어는 누구에게나 자기 의사를 서슴없이 전달한다.
그러나 표현은 당사자의 이해에 따라 달라질 수 있다.

감정은 인간이라면 누구나 느끼는 자의식이지만
다소 어눌한 사람이 부자연한 의사 표현을
공감할 줄 아는 것도 또다른 사랑법이다.

시는 예술적 미학만을 강조할 때는 시가 되지 않는다.
시를 쓰는 사람이 표현하고자 하는 의미를 모두가 공감
하고 이해할 때 시는 비로소 우리 생활의 부분이 될 것이다.

바다와 접하다 보니
아는 건 바다뿐 그래도
조촐하나마 차렸다
어부들 가슴 속에
조금쯤은 어눌한 이 바다이야기가 기억되길 원한다.

2007년 가을, 주문진에서

김영현

바다의 일생 | **차례**

제1부 동해 바닷가 집

제2부 낚시론

제3부 주문진항

제4부 바다의 일생

제1부
동해 바닷가 집

수산시장 뒷길

해물국수집 낡아빠진 대접에는
뚝닥 말아낸 오징어가 살아있다
국물엔 수산시장 죽어 널브러진
혼들이 살아나 아우성치는데
그 맛 아는 사람만 찾아온다
골뱅이 같은 미로의 길 찾아온다
구별 없는 단골손님 알아서 온다
시장에 가려 잘 보이지 않는 집
골목에 치어 지척도 모르는 집
집들 사이 또아리 튼 해물국수
간간한 소금 같은 얼굴만 아는 집
해물 국수집 낡아빠진 대접에는
속 쓰린 세월 아는 사랑 살아있다

봄날 물잡이

뱃전 부대껴 포말되는 파도
질척한 소금기 풀어내다
어리어 가물거리는 우암나루

출항 부대끼는 아낙들 얼굴
채 식지 않은 동트는 중머리쯤
길 가는 나는 없고 바다만 살아
치舵 고르는 소리

그래 수평 어김없이 오는 빛 찾아
우리 일터 가는 길
꿈속 살아 숨어있는 희망

누워 뒤척여 너울대는 하루
뱃길 따라 물 떠내리는 세월 같아
거기 스스로 사랑 배우는 법 같이
시린 가슴 기도하는 마음뿐

세월 흐름 알몸으로 맡겨진 날들
부대껴 사는 어부 하나 같은 마음
찢기고 스러져 다시 살아내는
풀잎에 움트는 꽃잎일 거야

놀래기

터 잡아 살아가는 소돌 우리 아비 얼굴
반쪽 축항 돌 틈 몸 사린 겁 많은
놀래기 닮았다는 것 터득하기란
잠수 물질 능숙할 즈음에야 알았다

아비 살아 늘 놀래기 얼굴하고
한평생 희망바다 쌓는 재미 알던 것도
아마 우리 나이 또래였을 걸

눈떠 꽹과리 북 장구소리 다 들어도
꿈쩍 않고 잠만 자는 놀래기

폭풍 날아간 물빛 같은 파아란 하늘
비수같이 번득이는 돌 틈 비집고
날마다 대처에서 찾아온 낚시꾼의
황홀한 미끼조차 구별 않는 우리들

어루다 다가오면 밀리고 위협하면

깜짝깜짝 놀라는 순한 보호색

숲 쩡쩡 가르는 해일에도 까딱 않고
파고 높낮이 어림잡아 물빛만 봐도
내일 불보듯 세월 금 가는 것쯤은
함께 묵묵 붙박이로 살아가는 놀래기

어류도감에 나오는 삼치과 돌참치를
우리는 놀래기라 우긴다, 지금도

빛이 되거라

떠내려가는 것은 하늘이었으리
밤새워 동트는 일만 기다리다
지쳐 지쳐 잠이 들라
화들짝 놀라 깨어 보면, 온통
하늘은 금빛이려니.

떠내려가는 것은 바다였으리
침묵으로 세월 낚아 올리다
지쳐 지쳐 잠이 들라
어림잡아 선눈 뜨면, 온통
바다는 옥빛이려니.

떠내려가는 것은 파도였으리
뱃전을 철벅 철버덕 헤매다
지쳐 지쳐 잠이 들라
물소리 바람소리 귀 기울이면, 온통
파도는 은빛이려니.

선부船夫야 선부야
아무리 힘들어도 힘들어도
바다의 일생이여
빛이 되거라.

어시장에서

칼 끝에서 비늘이 춤을 춘다

아가미 깊숙이 실핏줄 터져
심장을 가로질러
지느러미 사이로 흘러가는
꺼진 의식의 눈빛이여

눈 속에 그려지는 저 들판
짙푸르른 들판
잘게 썰어진 햇살들아
내려앉아라 풀어져라

풀어져 귓가를 간질이는 소리
억장으로 무너지는 소리
살점마다 펄럭이는 비늘아
빗장을 풀어라
펄펄 살아 움직여라

꿈속 항해

세北로 흐르는 물소리
불빛 흐려 가늠 못하고
마南로 부는 바람
하늘로 치솟아
시린 가슴만 쓸어낸다

간밤 선잠 속에 스친
아내 가슴 깊숙이
세월 묻어나는 소리

화들짝 놀라 깨어 보니
발목으로 차오르는 바닷물
시퍼런 바닷물

고래 구경

보기 드문 고래가
어판장 모퉁이에 누워있다

짓푸른그의몸체는푸줏간에코를 뚫어걸어논소머리보듯눈으로무게를측정한다.살아펄펄파도를가르는넉넉한기상.사람들은기억하려들지않는다.널브러진체형.얇게뜬눈속에비친저들눈길이무심하다.죽어있으면서살아돌아오는넋.누군가가책도없이발로툭툭찼다.빗살처럼가는동공이출렁거려모순된의식을가늠하는저항없는한덩이고기일뿐마지막위엄조차건져낼수없다.바람처럼다가와쓰러지는세상살이.너침묵한만큼차오르는고통.이제는지느러미까지거역할수없는평화가나락이되어부서져흔적도없고정수리부터흰띠를두른목을향하여내리꽂는칼.끝에묻어나는파도소리와맞물려고막을찢는다.순간와닿는충격이각을뜨는손놀림에분해되어끓는가마물속에던져지고.내의식이회복되기전고래는바다를건너고있다.

동해 바닷가 집

바다 잘 보이는 언덕
등대길 따라 다닥다닥 붙은
동해 바닷가 집들이
군데군데 이빨 빠진듯
텅 비었어
숭숭뚫린 벽 구멍 사이
소금 잔뜩 움켜쥔
바람만 살아 좁은방 곳곳
두런두런 속삭이고 있어
바다로 고기잡이 떠난 아들
행여 길 잃어 집 못 찾을까
늙어 찌드러진 어미가
사립문 열어놓고 넓게 높이
활개치는 파도 바라보며
언제 쯤이면 돌아올까
하염없이 기다리고 있어

늪에서

어느 날 신리천 거리가 휘황해지면
가난한 어부가 바람이 들어
어둔 시대 뿌려 논 환락에 들어
바다가 일러주는 벽을 허물어낸다
저, 세상일 잃어버리면
부정한 비밀은 탄로날 것이며
너 알아 헤어나려 발버둥쳐도
알다가도 모를 수렁에 들어
기억 못하는 미명에 들어
끊을 수 없는 헤로인이 되어
어둔 길, 저당잡힌 불모의 길
이 길은 너의 길이 아니다
가라
파도가 으르렁거리는 황망한 바다로
살아서 가라

나들이

날마다 대처로 이사간다
큰소리 내보다가도
그대로 눌러 앉는 걸 보면
정은 들대로 들었나 보다
몇 달쯤 속초나 거진쪽 시망바리나
후포 구룡포 오징어 잡이 가도
그저 내 집이거니 안심이 가는데
영 넘어 친척 대소사라도 있어
며칠 느긋하게 지내려다가도
한나절만 지나면
거품 물고 바다를 헹궈내는 파도나
건건한 소금 삭혀내는 소리 그리워
괜시리 안절부절 못하고
삭신까지 근질거린다
시린 가슴에 와 닿는 건
앞뒤 둘러봐도 바람 한 점 없는 곳에
달랑 혼자 남은 것 같아
허겁지겁 파도 펄럭거리는

집 찾아 드는 걸 보면
천상 팔자인가 보다.

두웁氏

마흔줄 우리친구 두웁 부랄발게
세발날창들고 우암돌틈 헤집어
물질 할라치면 우럭 돌삼치잡는
도사로 정평났지

육십년대 전방군대 한 삼년 치르고
고향소돌 돌아와 머구리되었지
일등 머구리 몫에 반짓거리 덤 합쳐
쏠쏠한 물질덕 돈냥께나 벌었지

실팍한 마누라에 아들 둘 있을 때까지
의기양양 신바람 날렸는데
스물 서른 발물질 오삭신 다 녹아
중늙은이 통머구리 되었네

마음 청춘이라 발가락물질 사루어
소돌바위 모래톱 다 쓸어 안간힘 쓰지만
소금 풀풀 날리는 우암뜰 헤매기조차

버거운 자맥질 힘들어 쉬는 날 더 많네

우암 굿은 날 서낭귀신 안방 모셔둔
부적같은 생활 앞세워 일월성진 쩡쩡
바다 가르는 물소리 귀 기울여
들리는 빗소리에 오르는 건 술잔뿐

날 좋아 머구리 배 띄우는 날 따라나서
물속 머리 한번 못 헹구는 보조사공
그나마 일진 없는 작업 돌아온 선창

선주몫 선중몫 기름값 뚝 떼고 손에 찬
일당 기만원 지기미 씨부우랄.

광어

비록 내 눈이 외짝으로 쏠려 모래톱가 상사리에 뉘 알까? 몸사려 가막풀 물이끼로 몸단장하고 행여 장가갈 꿈 꾼 새벽녘 내와 행색이 같은 쏠린 외짝눈 달린 년 꼬셔 신방 차렸어. 그년 살림 꼼꼼 애교 알쌍 많으나 온 동네 싸돌아다니는 게 흠이라 나들이할 땐 치는 놈 챙기는 놈 조심하라 누누이 일렀건만 한여름 복더위 모래창 훤히 열고 일광욕 즐기는데. 이년 제 또래 불러다 희희낙락거리더니 예의 내 집 지붕 위 시끌벅적 고함소리에 선잠 깨었어. 이년들 겁없이 물 위에서 내려온 흰 줄가닥을 선녀님 두레박 끈이다 아니다 싱강 부리더니 줄다리기 그네타기 웃사람 흉내내다 덜컥 물 위로 떠오르네. 그년 여보 여보 애절한 구원소리 헐레벌떡 뛰었지만 도둑놈 두레박 끝 가물가물 물섶을 치닫네.

이놈 세상 없는 돈 다 발라먹고 이놈 마누라까지 집어삼켜. 그년 팡파짐한 뱃장에다 알까지 모셔 놨는데.

새벽 어판장

시멘트 바닥 마를 날 없는 어판장
시레기 해장국 입간판이 서있는
달동네 실비 식당에서
새벽 선술과 함께 밥을 먹는다

드럼통 쪼갠 원탁의 상 밑에 널린
양미리 뼈다귀와 휴지처럼
구겨지고 패인 얼굴들이 저마다
웃고 지껄이고 있지만

늙은 목선에서 흘러간 노래가
신새벽 어판장을 어수선케 하며
곱상한 탈렌트가 모델이 된
달력을 보며 시레기국을 받았다

빌딩 공사판 손을 놓고 찾아온 청년
벌이 좋다는 오징어배 한항차에
주눅이 들고 세상 뜬소문이라고

커미션 받는 유령회사 차려 챙기다
줄행랑쳐 왔지만
내 손으로 고기잡이 노동으로 산
시레기 국맛 복장 편해
다시 그럴 수 없노라 후회하고

그래도 짐영골 이서방은 주거니 받거니
지난 배추농사 죽 쑤고 찾아온
어판장이 걸직하다고
열심히 벌어 씨앗 준비해야 될턴데

이 세상살이 지나온 길 어판장 같아도
허출한 작업복 안에 감추어진
삶의 진실을 찾아낸 시레기 국밥의 맛

동가식 서가숙 떠돌이 신세지만
쓸쓸하지 않은 것은 저마다 간직한
희망과 꿈이 있노라고

주머니에 시래기 국밥값이 없어도
저녁 잠자리 없어 방장에 누워도
이번 오징어 뱃길 한 항 잘 잡으면
고향에 안부라도 전해야지.

공치는 날

늦은밤 일어나 바다일터 갈 채비한다
문 나서면 서낭부터 시작한 골목길
엇비슷 비치는 가로등 시린불빛
등짝 슬그머니 간지른다

목장갑 빨아도 비리다.

부두가는 길목 자리한 여주집할매는
칠순 넘어도 해장국 잘 마룬다
바닷가 삐뚜룸한 지붕 속 드럼통
연탄 술반은 둘 뿐이다.

시레기국밥 계란 하나로 말아내는
넉넉한 솜씨 손주 호정 기르는 재미루
시작한 해장국 사랑 만들어

어부가슴 조선막장 듬뿍 풀어내는
정성만큼 넉넉한 할매얼굴 비치는

우리일상 운수만큼 기대하는 어황
알수없으나 할메집 살아있는 걸걸한
웃음소리 녹아나고 있다

오늘 일기예보 폭풍주의보 어선통제소
출항금지 소식 따라 뒤늦게 쪽문 밀치는
어부전갈 따라지어부 공 치는 날
아예 메주만한 할미방 차고새벽까지
죽칠요량 알닥지근 차오를 소주 청한다

술 감칠나게 온몸 차 오를때쯤
아이 줄줄 엮는아내얼굴 둥둥 떠 웃는다.
서낭골목 미로같이 얼그러져 숲 이루는 집
삐뚜룸한 창하나 바다향해 있는집

낚시바늘 미끼 꿰어내는 순한 아내얼굴
술속 녹아 파도되어 출렁 거린다
나는 할일없이 아내를 마신다

목을 타고 아내는 아직도 웃고 있다

몸 너울 탈때쯤 한병 더 청하나 않되요오
할메 눈으로 정한 술 청하면 영낙없이
쉬세요오다
돌아 집 오는 길 서낭바람 발목 잡는다.
공치는 날 술 마시는 날 마음 쓸어내는 날.

그물에 걸려

햇빛 걸어가는 항구
한구석 담쟁이 넝쿨처럼
바지랑대에 걸린 그물
파도에 할켜 늪속 숨은
해초 다 걸어 엎어쳤다
듬성 듬성 숨은 시체
가늠 못하는 물고기 함께
그물 자국에 얽힌 영혼
헤어날 기미 없어
서낭귀신 달 가르듯
그늘져 널부러 졌다
그물 칸칸 물어뜯는 해초
걷어내는 어부
빛 바랜 고기너머
걸어가는 영혼
보고있다

출항

그게 어디 그만의 소망이더냐

해오르기 전 뱃전에 서서
출항을 앞두고 기도하는
그의 간절한 소리가
들리느냐

돌아보면 집으로 뻗은
미로 같은 밤길을 짚으며
마주 잡고 온 손길 속에
살아 움직이는 숨소리를
말로 표현할 수 있더냐

뱃전에 걸터 앉아
돌아보는 마음이나
선착장에서 굽어보는
걱정스런 심정이나
반복하는 부두의 일상인 것을

선착장 콘크리트 바닥에
비치는 썰렁한 백열등
바랜 아내의 얼굴에 비치는
안심의 눈짓은
언제나 가슴에 와닿는 정

그래도 가슴 비집고
들어서는 서러운 눈물은
돌아서 손등으로 훔치는 걸
알고 있더냐

살아가는 부부들 소리는
날마다 이별하고 기약하고
기다리며 만남을 약속하는
끈과 같은 것

질기디 질긴 섬유질이
얼개를 틀어 어망을 짜듯

고르게 머무르다
세월이 흐르면서
바래고 바래면서
파도 속으로 잦아들어
고요한 적막 속으로 가두어
두 손 포개 잡고 살아가고픈
소망뿐인데

그게 어디 그만의 소망이더냐

아버지

내 어렸을 때 아버지는 이름난 뱃꾼이라
운수 좋으나 싫으나 밖으로만 맴도시니
바다 험하게 기침하는 날 아니면
만날 수 없었다
항상 파도에 묻혀 떠나시고
뱃머리埠頭를 떠다니시고
목로를 떠다니시고
돌아오신 기척에 방문을 열면
구들장 가득 둥둥 떠다니신다
젊은 풍상 다 패었어도
떠내려가는 내 손목 잡고
길목을 잡고 가슴을 잡고
물질 속살 갈라 빗장 풀어내는 소리
눈으로 가르치셨다

나는 험한 세상 항해하는 곳에도
아버지 떠다니시던 황망한 난바다에도
가보지 못한 채

흐드러진 파도를 기웃거리고
뱃머리를 기웃거리고
목로를 기웃거리고
돌아와 방문을 걸어 빗장을 치고
곤히 잠든 내 아이에게
아버지가 일러주시던 항해법을
가르치고 가르치고.

고기장수

어판장에서 입찰이 시작되면 뒷방치기로 고기를 사야한다 수수료 떼일 염려도 없고 후한 덤이 있어 더하기에 더하기니 얼마나 째지는 기분이냐 안 되는 걸 억지 부려 사야 되고 눈치 봐가며 은근슬쩍 사야 되니 밥 먹듯이 악다구니 써야 되고 목소리만 키우면 슬그머니 꽁무니 빼는 조합 직원은 사돈에 팔촌도 되고 당고모 이질도 된다 가랑이 고이춤에서 염장 잘되고 비린내 잘 배인 지전뭉치 내보이고 깎고 깎아 고기값 지불하고 고기칼로 배를 갈라 내장 들어내고 어판장물 얻어 깨끗이 헹구고 헹구고 눈치 봐가며 공짜 얼음 덜어내고 덜어내고 함지박에 채곡채곡 사려 세어 보고 손가락으로 셈이 끝나면 한숨 돌리고 담배 한대 피고 머릿짐으로 억척같이 정류장까지 갔다왔다 갔다왔다 몇 행보하고 강릉행 버스를 타면 나른하게 졸음이 밀려온다 이건 순전히 과부가 된 고기장사 우리들 어머니 일과표.

제2부

낚시론

어부 못 가는 바다 보았소

파도 험하다 못해 가무러져도
어부가 못 가는 바다 보았소
나루津 있는 아이들
부랄 발개져 백사장 돌 틈 누비며
무섭게 감아내는 파도 속 돌진하여
물질하는 하루는
세월 가며 부풀어져
풍랑 기승 부리는 바다 마주해도
앞뒤 분간 못하는 벼랑에서도
끄떡 없이 살아내는 걸 보면
바다 한없이 믿음 있고
바다 한없이 수용하고
바다 한없이 포옹하고
바다 한없이 속삭이기 때문이다
바다 험하다 못해 가무러진다 해도
어부가 못가는 바다 보았소.

꿈

세北로 파도 이어지는 바다
저기 어디쯤일까
눈에 닿는 인구 동산 지나면
수산 속초 거진 갈 것이고
쉼 없이 저어가다 떠오르는 그리움
고향가는 뱃길 알것 같으려만
아버지 고향 오간지 하 오래라
나는 가보지도 못한 길 짚을 수 없네
오가는 물 갈라도 합치나
하나된 반도 합하기 어찌 그리
어렵더냐
아버지시대 누구나 오가든 바다인데
어둔시절 의식이 놓은 덫 발목잡혀
세월 축내고 그리움 삭이고
애 간장 다 녹아 허허로움만 남은
나의선실 나의공간
뻗어나간 저 광활한 바다 숲
어찌 바라만 보는 꿈길 이드냐

보일 것 같으나 보이지 않는 의혹 속
어디쯤일까 저기가.

살다 보니

사람 터 잡아 살아가는 곳
저마다 제 멋에 산다지만

세상 시작부터 떠 다니는 물
온몸 휘졌다 지쳐 숨 고를때
돌아보니 제 빛 가늠해도
도무지 알 수 없어

목노에서 비릿내 풀풀 나르는
어부와 술잔 기우리다
사는게 무어냐고 물엇드니
모르는게 약이야 그저 살아

하고싶은 꿈 다알면 살맛나나
몰라도 찾다보면 희망 있겠지
몸속에 파도쳐 오는소리 어허야

내 희망은 바다무등타고

대양을 항해하며 떠다니는 자유
아직도 깃발되어 흔들리는 자유

작은 생명들

1

한떼의 멸치군 수면 푸두둑
아우성치는 소리
죽어라 뱃전으로 돌진해 부딪치는
소나기 몸부림 어허 어찌할꺼나
아아 멀리부터 떼지어 오는
등 푸른 고등어 무리 노략질이야
하필 너른 바다 두고 뱃전 치는 이유
그늘진 배 밑창에서 길 잃어
몸 비벼 비늘만 떨어내는 공포
너와 나 생존의 의미 같으나
그러지 마라 망할놈의 고등어
몸 날렵하고 유연하게 흐르는 피
나는 안다 너의 다른 의미
보지 않아도 허기진 공격
내 뱃전에서 사냥하는 한
용서할 수 없어.

2

가네 떠가네
물 밑 그림자 만들며 바람처럼 가네
등 푸른 고등어떼 지나가며
시울紗 엉망으로 끌고가
너로 인한 내 노동도 꼬여
힘 빠진 오늘 일 작파할지 몰라
빨리 지나라 지나가라
내가 양보하마
뱃머리 길 트느라 위치 바꾸고
꼬인 머리채 다독거려
한쪽으로 몰고 가라
선회하여 비껴가는 너의 무리 피해
멸치들 제 힘껏 달아나 보지만
쫓아가며 포식하는 무리 피할 수 없어.

3

뱃머리서 너와 마주할 때쯤
바닷가 질주하며 반짝이는 모습
나는 천연덕 제자리 찾았지만
백사장 돌진해 펄덕거리는
멸치들의 아우성
돌아보지 마라 온몸 피멍든 모습
멀리서 바라만보아도 알 수 있어
너의 못다한 절규
가슴 저미게 내리치는 슬픔.

아버지 선장

내 아버지는 가슴앓이 절름바리 선장
물어물어 귀동냥 들은 바
배도 없고 그물도 없는 아버지
황포돛 달고 청진 나진 서수리항
물때 보는 선원생활
한 밑천잡아 정착한 곳
원산 갈마 아버지 고향
그 바닥 알아주는 선주이자
흔대구리 선장
내 어려 기억 없는 난리통
고향산천 다 버리고 와
바다로만 떠돌다 바다로 돌아간
아버지 선장
물 거슬러 휘적휘적 배 저으며
가시는 얼굴 안에
아버지 닮아가는 내 얼굴이
지금 저 바다 한가운데 있다.

죽는 법을 배우기 위하여

1

떨리는 기척 손끝 긴장하고
툭툭 건드려 감지하는 긴장 속
스멀스멀 다가와 너의 영역 부수는
기회 기다릴 것이다
몸 감아 낚아채는 너의 아둔한 머리
진득하게 딸려온 감각 느끼면
가슴 희롱하는
냉정한 동작만으로
널 마침내 거두리라
너의 몸 독 올라 상처받을 때쯤
머리 빨갛게 달아 물 위 오를 때
희망 없는 나의 애인
갈퀴낚시 촉수 달고 있는 한
그래 너에게 미래는 물 건너갔다.

2

말하자면 미끼 탐한 것이 화근이었다

뱃장船上 오를 때까지 몰랐으리라
생각만 해도 치미는 울화
겁주려 부풀린 몸 마음껏
몸부림쳐라 뿜어내라
비장의 먹장 불같은 조급함은
네가 너의 영역에서 키운
비만한 몸짓이다
세상 다 아는 비열한 법
이젠 통하지 않는다
가지고 있는 촉수 속이려도
속여 은폐하려다 더 이상
속 가둘 곳 없는 허망의 늪 그곳에서
너는 나고 나는 또 다른 너였다
세월 가는 소리 귀동냥 듣는
절망의 순간만이 아름다웠다.

장마

1

내리 몇며칠 궂은 날
은혜다방 순분이
셀셀 웃는다
목로 술판 끼어도 셀셀 웃는다
폼 나는 이름이라도
붙일 고운 얼굴인데 한사코 순분이다
누가 그걸 믿는담
받아라 시퍼런 술잔 차는 슬픔
속절없이 절망하다 허망에 들어
세상 들녘에 버려져
기약 없이 흘러간다지만
방황은 세상 들에 있는 게 아니라
마음속 있는 걸 몰랐어.

2

달 뜨거든 날 데려가오 부터
시작한 술판

낡은 탁자 다 부서지도록
신고산 화물차 다 떠나보내도
멈출 줄 모르는 빗줄기
선창 종일 두드리고
정박한 크고 작은 배 빗줄기에 젖어
술잔 꺾는 마음까지 비워도
가라앉을 기미 없는 궂은비
박자야 아무려면 어떠냐
취해 알 수 없는 설움 목구멍 깊숙이
차올라 목이 터져라고
옥구 대야 만경들 다 적시고도
모자라는 순분이 고향
가는 길 잊었어요
기억 안나요.

3
말하세요 속에 있는 말
취해서 하는 소리 어디 쓰나요

맨 맘으로도 전할 수 없는 한
취해 비몽사몽간 전하면 안되나요
믿지 마세요
말마다 나도 모르는 거짓말
못다한 말 한 서려 취하여
어리는 바다
슬픔 살아나는 바다.

꿈

1

은혜다방 순분이 꿈꾸며 산다
이 바다 오기 전
동서 남북 안 가본 데 없어
어서 오세요 나의 꿈
낚아 채세요 나의 빛나는 선장
술잔 속 녹아 내리는 수천리 뱃길
빗장풀고 넋이라도 돌아갈래요
보리밭 출렁이는 고향 벌판
헤엄쳐 갈래요
이젠 혼자갈 수 없어요
빗살 어리는 보리밭 바다
데려다 주세요 내 가슴 마지막
빈터 살아있는 이끼처럼
나의 나라 나의 꿈은 아니었어요.

2

뿌리치지 마세요 밤새 맘 변해도

새날이 오면 마음 비울게요
사람 사는 게 별거냐고 말하나
처음부터 기대할 수야 있나요
뒤틀린 허리 구비 돌아왔건만
더 이상 갈 곳 없네요
잃어버려 깜박깜박 헤매다가
예까지 흘러오느라 지쳤어요
나의 희망은 꿈꾸는 일
바람 물결도 타지 않는 꿈꾸는 일.

3
용기 내세요 나의 선장
나는 당신이 정박할 수 있는
떠돌이 닻이에요
떠내려가는 꿈 잡아매는
푸 닻 말이에요
지쳐 허기진 세월 가는 소리
거리마다 헛된 바람만 불어

잡을 수 없어 황폐한 가슴
사랑할 수 있는 마음 온전하겠어요
사랑하는 법 표현 못해도
그래도 사모하는 마음 어디 가나요
바다는 늘 깨어 나를 잡아내
소금 절인 세월 닦아 내노라면
언젠가 고향 가는 길 찾을거예요
빛나는 나의 선장 나의 꿈.

물질하기 좋은 날

1

산맥 타고 드러누운 구름
계곡에 늪 되어 허공 휘젓네
물속 내려간 나의 머구리 친구
구천 공허한 돌틈에 빠져
허우적거리겠지
잡목 무성한 계곡
소금 찌들어 삐뚜름한 얼굴
대처 살다 들른 친구들
찬찬이 보아도 못 알아보는
나릿가漁村 중늙은이 되어
밭은기침 물속에 녹아
영영 오르지 못한 머구리
올라라 무등 탄 목숨줄 감으며
강한 뚝심 휭휭 소리 나도록
팔목으로 소리쳐 올라라 힘껏.

2

바다 여울지는 물목 지날 때
살아나는 환영 오금 저려
가차이 있다 저만큼 멀리
떨어져 나가다 가라 앉아
떠다니는 넋
부랑하는 가슴 남은 그리움
잊혀졌다 떠오르는 아슴한 기억들
출렁이며 다가오는 머구리 두웁이
오너라 서슴치 말고
저린 콧속 묻어나는 비린내 향기
뱃전 장단 어우러져 부르는 소리
세월 가는 것조차 모르는 어부
발버둥치는 우리 자유는
먹장 같은 고리채에 발목 잡혀
끝날 것 같지 않은 일상 속에도
아침이면 살아나는 우리들 희망

3

물질하기 알맞은 좋은 날
머구리 어부 친구
우리들 시대 뛰어 넘었다
겁劫을 안고 너 떠나던 날도
잡어바리 소형어선 저마다 출항해
등 맞대고 작업 몰두할 때
세상 작파할 양 돌아앉은 너
아직 그리움 남았느냐 너의 환영
어찌 떠나지 못하고 유유작작
산허리 마음만 휘젓느냐
가라
구천 늪 지나 가야할 길
살아 선 우리 알 수 없는 곳
너희들만의 나라
바다 건너 내를 따라 저기 산 너머
자꾸만 올라라 줄기차게 가라.

문어

1

물살 지면 치舵 골라 비껴
가볍게 선체 흔들어라
물속 흐느적이는 낚시줄
선체 가로 지르기 전
아둔한 여덟다리 붉은 대머리
너의 일거수일투족 어리는 물밑
예민한 촉수로 다가오는 감각
손끝에 느끼는 기분 좋은 희열
바람 울림 같은 느낌이나
물 내리는 소리만 들어도
슬그머니 기어오는 기미 알 수 있어
그 많은 다리 중 하나라도 걸쳐라
내 너를 기다리는 어부로 있는 한
너와의 만남 또한 인연 아니더냐.

2

바위틈 빛바랜 어둠
음흉한 눈빛 척도로 염탐하는
탐욕스런 집념
너 위하여 정성 다한 미끼는
의혹의 체취하나 남기지 않았다
속 좁고 의심 많은 녀석아
탐하지 마라
탐욕은 세상 어디서나 보는 것
가진 자 흐르는 물 다 거스르고
휘둘러 야합해 거품으로
거드름 피며 세상복판 위풍당당
활개치는 저 모습 좀 봐
그러지도 그럴 수도 그래서도
안된다고 으름장 놓더니
보고 듣고 말하지도 말라는 자유
세상 위 아래 한 수 있는 걸 안다면
너 또한 침묵하리니 자유를 위하여.

낚시론
—세상 사는 법을 배우기 위하여

1

너와 나의 하루
일용할 양식 구하는 노동일 뿐
애초부터 필살 같은 적의는 없다
더도 덜도 없는 나누기로
세상 사랑하는 법 배워가며
아이 기르고 가르치는 법 위하여
고단한 일상조차 행복이라고
이젠 의혹과 신의까지 허물어져
의지할 곳조차 없다면
공간의 차이 눈으로만 읽고
가늠해야 하는가
탐하지 마라 유치한 유혹에도
너의 몸짓 탐욕의 벽 넘을 거다
은밀한 빛 발하는 욕구는
아둔하고 은밀스런 동작 있는 한
언제인가 너의 의식 가두리라.

2

날카로이 다듬어진 낚시
너 좋아하는 미끼 포장된 채
수심 깊이 간들거리며 빛나는 것
무심한 척 노려보며
의심하다 벌겋게 달아오른 얼굴
긴장한 것은
갈고리 작살보다 더 심각한 속셈이 있다 한들
너 차마 모를 리 있을까
해초 흐늘거리는 늪 밀착해
촉수 마음껏 펴라
차려논 밥상 덫이라 알아도
사실조차 금세 잃어버리는
너의 속성
처음 거기 그대로 무심하다
비워둔 위장을 위하여
슬그머니 다가와 망설이겠지.

3

네 움직이는 예감
촉수 맛깔스런 미끼 합하는 순간
오 손끝으로 전해오는 가느다란 떨림
혹은 짜릿한 심장 박동과 전율에 온몸 들떠 있어
다른 고기 찌르듯 톡톡 쏘거나
덥석 한입 넣어 뒤틀어 내지만
슬그머니 눈치 잡아 끌어안는
교활한 겁보 그러나 의심 많은 음흉한 눈빛
미세전류 흐르듯 몸 싣지 않는 한
서두를 일 없다
빨판 가운데 숨은 잇몸 다듬어라
끌어당기는 대로 놔두리니
목구멍 타고 오르는 나의 숨결
벌써부터 타는 나의 갈증.

4

갑판 위로 오리라 느긋한 기다림의 끝장

상면하는 기분 너의 마음 낚아채면
보채며 버둥이는 몸 놓칠까 두려워
가위 눌리듯 차오르는 숨결
감당할 수 없어, 숨이 막혀
너의 몸부림 가늠하기 위해
시울에 힘주는 순간부터
탐하는 욕구 합일되어 서두르고 있어
물어, 제발 속 태우지 말고 물어라
뼈라고 생긴 건 이빨밖에 없는 놈.

어떤 복지어촌

소형선박 영어자금 대출은 소액이다
소형선주 영어자금 대출이 서투르다
뭘 알아야지
대형선박 출어자금 대출은 고액이다
대형선주 출어자금 대출에 민감하다
몰라도 밀어붙여
선박 없이도 어업자금 대출 백지수표
유령선주 어업자금 대출하는 길 안다
아하 귀신이라니까

어촌계 감투 쓰자는 이유는
희생 봉사 위해서다
영세한 어촌마을을 위하여
조합총대 하고자 하는 봉사는
보다 잘사는 복지어촌 위해서다
부라보 어민
여러분의 애로사항 모두 말하시오
어민 대변을 위하여 자비 수천

아낌없이 뿌린 대의원
우리들의 유지油蜘.

부정 어업하다 발각된 배는
면세유류 공급하지 않습니다
벌금에 콩밥도 드립니다
잡지도 말고 사지도 팔지도 맙시다
먹어 치우지도 맙시다
양복 윗도리 가슴엔 부정어업 근절
연안자원 보호 리본 달고
고대구리 삼중망 단속 한답시고
어판장 구석구석 헤매다가
목로 술집에서 택택이 선장 만났다
아줌마 여기 빵게 한 접시
택택이 선장 감독지도원이 알딸딸
취했다.

만찬

해는 중천에 떠 파도 마주하며
하늘고리 스스로 풀어 입맞춤하더니
수평부터 그리는 무지개가
은빛되어 하늘로 오른다
뱃장 비늘에 엉켜 퍼덕거린다
파도 부풀어 요동치며
순한 바람살 뒤져 조업 채근하나
돌아누운 멍텅구리 너의 숨소리
아직도 속 태우며 힘 겨루기 한다
미끼 조류에 물러 터져
유혹할 수 없는 걸 왜 모르랴
더 이상 싱싱한 먹이 가진 건 없어
오늘 장만한 만찬, 그게 다야
말하자면 이게 오늘 마지막 만찬.

뱃노래

시장끼는 무료한 짬을 안다
손목에 시울紗 감고
챙겨든 나의 식탁
식어버린 보리 섞은 정부미
입속 체액에 녹아 목젖 타고
터널을 건너 알싸한 소주와
어울린 짜릿한 쾌감
조금씩 나락으로 내리앉는
온 삭신 나른하여 눕고만 싶다
졸아선 안돼
뱃전 부서지는 파도 장단에
뱃노래라도 불러라
저 바다를 가르며 배 나아간다
파도야 게 섰거라, 훙훙.

은밀한 싸움

붉은 얼굴 뱃전 두드릴 때
퍼렇게 질린 몸부림 살아나
너울처럼 춤추는 순간
위엄 뒤 감춘 너의 절망
늦었다 발버둥 쳐라
가장 비굴한 눈길 원怨이나
쓸쓸한 눈빛 내 모르랴
가까이 오라 너의 고통
여덟 촉수 뱃전 닿으면
목 떨어져 나간들 꿈쩍하랴
죽기 각오하고 달라붙는
푸른 생의 경계들.

바람들이 뱃전 가까이 펄럭일 때
파도와 함께 지샌 나의 그리움은
직선으로 숨 골랐다
잽싸게 허공으로 낚아채는 날렵한 솜씨
돌아서는 너 이제 후회할 건가

아픈 통증을 참아내며 수면 위로 튀어올라
뱃장 굼실대며 기어가는 네 모습
요리저리 빠져 나가려 온몸 채색하고
나의 눈길 피하려 들지만
어림없는 너의 몸부림
그건 아니야 벌거숭이 알몸.
속수무책 널 도울 수 없어.

햇빛 무등 탈 무렵
너의 체형 무지개되어
더욱 빛나는 보호색
아늑한 너의 영역으로는 돌아갈 수 없어
찾을 수 없을 보금자리
넉넉한 여덟다리 꿈틀대며
뱃장 할퀴며 애원해도
차마 놓아줄 수 없어
안간힘으로 기어 내 발치에서
황망한 눈 흘키지 마라

달아나길 원한다면
희망사항일 뿐
나는 널 잃어버릴 수 없는 어부.

촉수로 온 뱃장 헤집어도
자기 목숨 할퀴는 걸 모른다
힘겨워 헐떡이다가 이내 지치면
침울한 눈 마주할 때
음침한 구석 싹트는 분노
이제 비로소 알 것 같다 투박한 네 손
말랑말랑한 붉은 머리 뒤흔들어도
세상에 대한 발악은 서로 다른 생각일 뿐
그럴수록 힘 부쳐 체념할 때
목 틀어잡고 들어올리는 감촉
부드러운 너의 몸 연체어류.

육감으로 확실한 포획 확인하면
너는 나의

발길 채어 방장漁倉에 들어가라
네 유치장은 습하고 몸비빌 틈 없더라도
서로 뒷등 타고 엉켜 붙은들
세상 산다는 게 그러하니
흉 될 것도 없어
고문도 없고, 떼거리로 싸워도 간섭 안해
비비고 웅크려 몸 편히
가만가만히 숨 고르면 돼
건드리지 않는 한 시비도 않고
떠밀려 밖으로 갈 수도 없어
꾹 참고 기다리는 게 지금 너의 희망일 뿐.

제3부
주문진 항

이사하던 날

등대있는산동네에서어판장슬레트집으로이사하자는의견은나의제안이었다.아내시집와이때껏투정한번없이도퍼진아내는눈내린고개오내리다심한골절입어서다.도시사람이사하는거야용달쎈타부탁해몸만달랑뜨면되지만산동네는자지구레잡동사니부터어망어구옮기기도힘든농짝등짐나르자니속살드러내활보하는것같아껄끄러운노릇이다형편못따르지만안방도자반크고입식부엌이라아내입함지박처럼환하지만속은무시로오가느든언덕배기사는재미있는게못내서운한표정이나의향해절룩바리아내발목잡은듯기복심하니요즘처럼어황불명한시기쏠쏠한건순전아내새벽치성일꺼라동료어부농섞인술턱재촉핑계삼아아내의산동네친한동무와친구들과집들이하는날푸짐이한상차려야겠다.

사월중순

바다 신리천을 탄다
복사꽃 보러 봄을 짚어
오르는 바람 소금 풀풀 날리며

강 따라 오르다 골을 판다
비스듬이 누운 산자락
가득채운 흐드러진 꽃 향기
누워 딩굴다 숨바꼭질 하다

꽉 찬 바람 하늘 오가며
해 중천에 차면 가는길 물어

숲을 갈라 소금 거른
청량한 숨소리 내면 신리천
강따라 하구 머물다
그리운 얼굴보러 바다로 간다

입질의 순간

부표 따라 천천이 오는 진동
떨림 빠를수록 가까이 있는 걸
내색 않고 느긋하게 기다리자
촉수 서서이 살아 몸 속까지
무르익어 두서없이 공격할 때
빠른 챔질로 너 마주하리라
속이려 들지 마라 탐하는 습성
속머리 혼돈되어 경계하는 것
잊어버려 끌어안고 싶겠지
이제는 너와 나의 키재기로다
등돌린 채 숨 고르는 탐색전
오래 끌 수는 없어
신호기 없는 시작일 뿐이야

처음 입질 큰놈 걸렸으니
좋은 물목 잡은 걸 알 수 있다
물어라 달콤한 맛
너의 입에 딱 떨어지는 먹거리

파도 알맞게 울렁이고
바람도 돕고 있어
치밀한 놀림으로 유혹하나
선택은 자유야
강제로 챔질한다 해도
돌아서면 어쩔 수 없어
허긴 세상사 저 맘대로 틀어
금 긋고 못질하다가
순간 떠오르는 짜릿한 감각
오 황홀의 순간이여.

어부와 선구

선구船具는 처음부터 손에
길들여져야 편하다
한번 눈 설으면
밤새워서라도 손에 들도록
다듬어야 안심된다
체온 감아내는 모습 살아
온몸 느끼는 감각 돌아오면
눈 감고도 제몫 다하는 선구
어쩌다 선어부 입김 들어도
금새 타인처럼 서먹해지니
어느 누구 제 쓰는 어구
숨기는 걸 비난할 수 없어
바다일 언제나 거칠고 험해도
어부 살아가는 세상 일
선구만큼 다루기 힘든 일
대대로 가보로 섬기는 선구.

바람난 바다

바람 나르는 파도소리 저 혼자 외롭다
바다로만 맴도는 저 바람
산은 오르려 하지 않고
숲 있는 곳 파도에 쓸려
메아리조차 돌아서는 바다
귀 기울이면 바닷 바람은
숨이 차 헐떡이는 어부 닮았다
고단한 주름만 펴낸다
바다는 산도 숲도 없어
돌아서 마주할 수 있다면
저 산울음 새소리 들으려
뭍으로 가 숨어 버려야지.

시장끼 들면

밥은 진작부터 식었다
아내 가슴 겹겹 묻어났다 한들
바람살에 돌을 만든다
물 뚜껑 시퍼런 소주 가득 부어
기우는 선체 숨소리 맞추어
털었다
입안에 고이는 알싸한 향기
관을 타고 위장까지 쓸어내
가볍게 한번 길게 한번
선체는 목구멍부터 기침한다
몸 구석구석 헤집는 한낮 술
떠다니는 부표처럼 바다를 거닌다
나는 무료하다 나락이.

어부의 기다림

조용한 기다림 풀잎 되어
일렁이는 파도에 헹궈
툭툭 털어 그리운 얼굴 그린다
담배 한대 다 태울 동안
입질 아직 기척 없고
잔챙이만 낚시 툭툭 손목치며
숨 간지른다 입질 기미 없어도
오늘 조업 끝낼 수 없어
아마 몇 놈은 낚시에 걸려
버둥대다 기절한척 하겠지
시울 풀어 뱃전 고정하고
비스듬히 누워보는 짖푸른 하늘
높이 더 높이 사다리 탄다
햇빛에 타는 나의 휴식
나의 긴긴 기다림들.

바닷길을 걷다

물속 내려가는 물결따라
소리 저만큼 간다
내려갈수록 안개처럼 헤매는
물길이다 허공이다

바닥 드러누워 올려보는 세상
한 뜸 지나면 빗물에 희석되어
아무도 아무것도 모른다 한다
보지 마라 듣지도 마라

물밑 걸으나 세상 위로 걸어가나
가는 건 힘들고 팍팍한데
세상 제 욕구에 밀치고 제쳐
올라 타느라 저 할일 잃었다
그러지 마라

흉어기

해수탕 무지개형 유리창에
쉬 터진 항구가 보인다

부두 바짝 깔아논 정치망 어선
크고 작은 것 없이 줄줄이 엮인
배들 제 할일 잃고 출렁인다
제 숨통 갉아 먹으며

선주들 급탕 사우나 냉탕 오가며
속앓이 한다 지독한 병중
누구에 하소연한들 다 같은 병
벙어리 가슴 눈치만 본다

이 한철 가면 항구 바람날까
기대하는 맘이야 어련하리만
출항해도 호황 이룰 수 없는 바다
씨 말린 건 우리이기에
그 누구도 탓할 수 없어

무지개형 해수탕 유리창에
푸르다 못해 시린 항구가 떠 있다.

강물, 바다 이르면

하늘 구름빛 지나온 포구
더 먼곳 바라보면 황홀한 들판
꿈에 그리던 곳 꽃으로 보면

푸른 달개비야

빛은 우리도 모르게 퍼져
따뜻해져 그 안에 살며
가고픈 광활한 벌판 가겠지

모진 고난 지나 헤매다 보면
그 속에 살아나는 따뜻한 숨결
환한 틀 짓겠지 고통 끝에
깃드는 사랑처럼.

불가사리

늪에 빠져 허우적이는 모습
물 갈기 따라 너울거리다
지치면 따개비처럼 바위틈
타래 트는 그게

제 얼굴 멋대로 칠해 애써
눈 가리고 몸 숨기려 해도
본디 제 모습 그대로 숨어
덫 만드는 작업이야

수심 적당한 바위 뿌리 심어
내 집이려니 오랍드리 길내고
세월 그림자 바라보는 그게
평생 집인 줄

휘영청 달뜬 날 하늘 쳐다보니
제 얼굴 밝혀 날 지새우는
물속 별이려니

칠월 중순부터 팔월 초

찌는 더위에 일찍 시망바리 갔다

집 앞 비좁은 돌틈에서 아이들
자맥질한다 겁없이 머리박는다
첫째아이가 물에 뜬 바위에서
물꽂이 다이빙한다
줄줄이 물꽂이한다 아이들이

포말되어 사그라지는 파도 건너
아버지 부서지는 소리 들으며
신나게 물꽂이하며 물밑을 긴다

두 아이 짝을 지어 반복한다
아버지도 둘이 되어 웃고 있다
길 떠난 아버지 얼굴 물 위에서
너른 바다 시망그물 건져내며
환하게 웃는다
아이들 지쳐 바위에 널렸다

아직 세상 모르는 하루
칠월중순부터 팔월초
해거름 돌아와 그물을 풀어낸다

바라보기

등대는 높이 바다와 마주한다
등대는 수평 끝까지 간다
등대는 하늘 닿는 곳까지 선다
넓게 높게 떠 있다

우리는 등대 밑 바다와 마주한다
우리는 낮게 수평을 바라본다
우리는 하늘 가는 곳 모른다
슬레트 지붕에 있다

이웃 지붕 코 맞대어 설핏 널은 생선
가른 뱃살에 새는 마른 빛살
손톱 묻어나는 소리 들려온다
등대 밑 빌붙어 둥지 틀어 산다

빈터

거긴 아무도 살지 않는다

바람 부대껴 모래벌판 모질게
살아가는 잡초들
햇빛 산란해 한 없을 것 같은
황량한 벌판 파도 펄펄 살아나

가슴 속 부시다 못해 갈아낸 거기
세월 가는 만큼 자라 바람결에
날아 퍼지는

파도야.

파도 가르기

물 흐르는 소리다

갈기 따라 유영하는 어군 행렬
물살 바람 타고 흘러가는 곳
손잡고 숨 고르며 자맥질하며
헤엄쳐 반복하는 소리 그곳

너울 파도치는 소리다

응어리져 넘쳐 차오르는 비늘
햇살 포말 만들어 고리고리 물고
하염없이 밀려 아우성치는 그건

바람 무등 태워 오는 소리다

쪽빛바다 수평 위에 가물거리다
어느새 다가와 모래 뒤엎는 소리
살아 펄펄 우리 세상 살아가는

어화둥둥 얼수둥개 신명난 춤사위

옛부터 조선은 하나라는 소리다

싸우지 마라 가르지도 쪼개지도 마라
내 땅 하늘 바다 제 모습 알고
흰 두루막 한 목소리 년년이었는데
수십 년 철조망 마음 키운 그 누구냐

그리움에 목청껏 부르는 소리다

할퀴고 물어 뜯어 돌이킬 수 없다 해도
우리 서로 미워할 수 없는 하나인 걸
제 모습 순하고 맑은 걸 알았으면
하나라는 마음 변할 일 없었을 터인데

우리 이 바다 하나 되자는 소리다

주문진항

파도가 종일 제 살점 뜯어
으르렁거리며
방파제 뒤돌아보다가
엎어낸다 허옇게

빨 주 노 무지개 햇빛
어부들 하늘 가득 춤추다
곤두박질친다
바위 틈에 널부러져 아우성친다
햇빛 속 허우적거리다가

파도 자맥질하다 솟아오르면
거기 서 있는 세상
삐뚜름하다 못해 제멋대로
몸짓하며 환히 웃는 얼굴

바닷물 너울져 울렁거리나
배들 저 스스로 항구 안에

부대끼며 내일의 항해 꿈꾼다
젊은날
한때 나 사로잡았던
황홀한 밤의 정부
주문진 항

제4부

바다의 일생

어부의 바다
출항의 바다
침묵의 바다
운명의 바다
구만리 길 바다
자유의 바다
허공의 바다
보리밭 바다
빛의 바다
푸른 숲의 바다
맺힌 바다
소망의 바다
탄식의 바다
포옹하는 바다
눈먼 바다
잊혀진 바다
육감의 바다
초혼의 바다
무심한 바다
아버지 혼불의 바다
고즈넉한 바다
귀항의 바다

어부의 바다

북해도 좁은 난간 타고
한류 기침소리 맞으며 오는 밤
날마다 가야 하는 길 위에
고단한 일상 고리 만들어
사정없이 바다로만 몰아낸다
문을 열면
밤은 아직 거리를 서성이며
어둠 풀어내는 적막 속에
옷깃 스미는 스산스런 바람
바다로 가는 길목 잡아매
새벽 꿈결 속 헤매고 있으나
어부들 이제 출항 서두를 시간
칠흑에 묻힌 가슴 기지개 켜라
기도하는 마음 차라리
원願이리라.

출항의 바다

밤새워 다듬은 미끼 성찬
바닥 드러낸 편두통처럼
플라스틱 함지박만 긁어낸다
패인 손가락 마디마디 속으로
너를 닮은 비릿내 숨 죽이며
핏줄 타고 온몸 활보한다
사람 소갈창 거역하는 역겨움
그건 어부들의 체온이다
바다로 낼까 안으로 드릴까
너부리移動할 시간 따라
마음까지 떠내려가는 망설임
어디로 갈까 헐떡이며
파도 쓸려가는 길 가눌 수 없어
어지럼 타며 세상 밖으로 가네.

출항할 배 찾아가는 골목길
미끼통 둘러맨 휘어진 등짝은
간간이 지나는 등대불빛에 삭아

삐뚜룸 저만큼 가고
아직도 알 수 없는 불명의 세월
막혀버린 가슴 해일이 되어 출렁이고
비워내는 의식 바닥으로만 긴다
누워라 늪 가운데 저들끼리 부대끼다
지피는 세상 저 스스로
가슴 속살 상채기 할퀴다 일어나겠지
그러다보면 우리들 신명난 바람처럼
휙휙 달려가겠지 바닷가로.

침묵의 바다

밤새 날샌 어판장 불빛
항구에 가라앉아 기척도 없다
철퍼덕 떠오르는 물 푸른자락
아직 혼수상태로 뱃전 숨어
가쁜 숨 토해내고
저희들끼리 살 부비며
출항 서두를 시간 잊은 채
고단한 침묵만 나른다
늪에 빠져 허우적거리며
일어나라 가야할 시간이다
등짐 꾸려온 어구 미끼도
제 살피 찾아 앉고
낡은 기관 툴툴 기지개 들어
어판장 쓸어 항구 두드리며
물살 갈라 뱃길 틀 준비한다.

운명의 바다

방파제 끝 쓸쓸히 떠 있는 항로유도기
잿빛 하늘 보며 넘실대는 파도
숨 고르며 무심히 떠내려 오려나
가자 물길 수심 아무도 가늠 못하나
흐르는 맘 떠나는 길이라
헤쳐갈 길 눈으로 찍었다면
가슴으로도 찍어라
눈에 보이나 마음으로 정한 뱃길
험한 바닷길 가야 한다면
언제나 한길
청청 가야 할 운명의 그 길.

구만리 길 바다

축항 지나 뱃머리 바다에 서면
길이 없다
한발 디딜 곳 없을 만큼 광활한 사막
마음 닿는 곳 길이라면 망설이지 마라
너 바다 거스르지 않는한 길은
거기 그곳에 있을 것이다
마주한 바다 제 몸 드리지 아니하고
날마다 지나는 길은 살아있는 의식
세北는 아직 바람 가를 일 없고
마南로 흐르는 물살 지피는유혹
밤새워 꿈꾸던 어장 빛 되어
구만리 길 바다
날아 오너라.

자유의 바다

세월 시작부터 떠다니는 물결
온몸 휘두르다 지쳐 숨 고를 때
자신의 빛 가늠해야 안심하는 습성

때로는 속살 터지는 분노에 떨다
막힌 앙금 탁 뚫리는 것처럼
여유로운 마음 다가와 마주하면
온갖 시름 지나가는 소리 들리네

너의 내면에 숨은 불안 도져오면
틀 안 가두려 말고 허공에 날려라
어둠 지나면 무등 타고 오는 자유

아직 가슴에서 흔들리는 자유

허공의 바다

바다 너르게 떠다니는 어둠
움추린 수평선 너머
파도 고른 몸살따라 기지개 켜
수면 어슬렁 어둠 건져내
새벽 서두르는 뱃소리 함께 하는
이웃과 나누는 소리 알 수 없어
허공으로 날려 보지만
슬금슬금 사라져가는 어둠
빛 고르는 시간 채 가시기전
앞서가는 뱃길 수상쩍어
고개 돌려 떠나온 항구 가늠하고
희미하게 살아나는 산 그림자로
치舵 고른다
마주한 어둔바다 저 끝
두런두런 들려오는 소리
수평선 눈 뜨는 소리.

보리밭 바다

어둠 그대로 있으면 청청 보리밭 너울
나비 되어 무시로 떠난다 해도
시리도록 푸른 들 눈앞 굼실거려야
안심하여 파도 몸 실은 어두운 바다
맞서 바라만 보아도 막힌 가슴
응어리 뚫리는 소리 그것일 거야
오늘같이 순한 바람 등 간지르면
잘여문 보릿대 가만히 다가와 아린 가슴 녹아나
절로 흥겨운 소리 어허 어허야.

빛의 바다

보아라 광활한 수평 쉼 없이 차올라
서서히 떠오르는 저 아득한 빛깔
어둠 저 스스로 슬그머니 물러나며
산자락 눈 뜨는 소리
산맥 살아 확인하듯 바다 마주 숨쉬며
하나 되는 소리
파도 오는 빛살 길 끝도 없이
널브러진 황량한 바다 머무르며
너를 보노라
뱃머리 부딪쳐 차 오르는 포말
수평부터 단숨에 쳐오는 눈부신 빛.

푸른 숲의 바다

바다에서 몰라 보이는 것은 그리운 산이다
언제나 거기 그대로 서
밝아오는 빛과 함께
꿈처럼 다가오는 푸른 숲
아 내 안에 끌어 오르는
새로운 환희
산처럼 살아 속살 가르며
샘 만들어 흘러내리는 물
돌 틈 숨어 저 스스로
계곡 몸살하며 흘러가다
들판에서 내川와 어우러진 숲
마을 지나 저 스스로 나아가
길 없는 황망한 바다 마주하니
처음 순수한 투명 이슬
세월 가는 소리 가늠 못하며
더 멀고 고단한 길 찾아가느냐
손에 잡혀 방향 가늠하는

치舵와 물의 의미 돌아보아라

맺힌 바다

바람타고 오는 하늘아
너울되어 춤추다 파도 되어라
물 냄새만 맡고 살아온 가슴
차오르다 지친 바람은
어느 바다서 여직 헤매고 있느냐
언제나 늘 나는 목말랐다
너는 아는가
바람타고 오는 저 수평의 하늘
나의 한숨을
바람난 파도 가슴 사무쳐
쓰러져 맺힌 한의 결
뱃길 수심 쌓인 가슴이나
무심히 뱃전 스쳐가는 물살
너희는 모르리라.

소망의 바다

부르튼 손 깊은 상처 살아 숨 고른다
송곳 파도 곳곳 할퀴고 간 자국
더러는 낚시 긁어대고
로프에 감겨 찢어진 마디마다
살아 미로의 길 헤매는 손 닮은 얼굴
바다 복사열이 주는 따가운 햇살
갈색 반점 피부암 선물한다
골 패인 자국마다 소금에 절어
뒤돌아 가지도 못하는 길
무료함 달래주는 담배연기
뭉쳤다 잘게 썰다 흐드러지다
허공 뿌려져 흔적 없이 사라지는
망망대해의 길
서둘러 가야할 일 없고
조급할 이유도 없다
닻 내리는 곳이 내 필생의 일터
하루를 건져내는 텃밭이려니
깃발 바람타 찢어져 반쯤 남아도

세월 가는 소리 쉼 없이 펄럭인다
마음으로 풀어내는 파장
항해하며 두 손 모아 비나리하노니
신새벽 같은 평화
소망 이루기 위해서다
뱃길 트는 깃발은 노랑에 초록
만선의 깃발은 빨강에 흰 깃발.

탄식의 바다

세상 살다 한번쯤 바다 가고 싶을 때면
주저없이 바닷가로 가거라
일망무제 먼 바다 통통거리는 배
바람 펄럭거려 아우성치는 깃발
파도 산더미로 밀어붙이는
방파제 바라보며
환호하고 감격하겠지만
거기에 목숨 걸고 살아내는 어부들 마음
읽어본 적 있더냐
따스한 햇살 아래 그물 손질하는 어부
한가로운 바다 정취 물씬 풍긴다고
감동하여 즐거워하겠지만
지루하게 엮어내는 그물 마디마다
맞물려 탄식하는 소리 들릴까
아서라 당신 바다 마음 안다 해도
알지도 알 수도 없는 어부사는 곳
거기 우리들 모여 사는 곳이다.

포옹하는 바다

물 흘러 어디 가느냐
계곡 타고 강 따라 천천히 내려가
바다 마주한 하늘 흘러가는 곳
드넓은 싯푸른 동해 바다 점 찍어 수천 년
터 고르며 가꾼 바다 있어
우리 사는 세상 살맛 있었는데
저희 멋대로 주물럭거리는 나라
세상 거스르는 나라
아비 등짝 후려쳐도 끄떡없는 나라
그건 아니라면서도
함께 머물러 가야 할 세월 같은 곳
마주한 나의 선수船首
살며 진저리쳐도 살아 꿈꾸는 세상
너 처음 돌아가는 날 그리우면
함께 포옹하리라 힘껏.

눈먼 바다

횟집 대형 수족관에는
항구 바깥 방파제 끝에 만든
고무 호스관 타고 헤엄쳐온 파도 알갱이들
풀어진 눈빛으로 누워있다
어판 경매로 수족관 유영하는 포로들
가자미 방어 도다리
삼치 쥐치 놀래미 날렵한 오징어군
한정된 틀 몸부림치다 눈이 멀어
내 푸른 청춘의 바다
어디 있느냐
너의 비명만 아우성만 요란하다.

잊혀진 바다

바다 맞닿는 신리천 하구
흐르는 물 제 갈길 잃었다
너희 가로막는 물길
세세년년 저 흐르고 싶은대로 흘러
수천 날 밤 세워 가꾼 길
언제부터냐 우리 눈 가리고
조금씩 아주 조금씩 잠식하다
누린내 썩어 문드러질쯤 아예
썩은 모래로 쓰레기 채우고
눈 가린 객토 콘크리트 구조물로
무장한 신리천 하구
우리 어릴적 강물 바다와 합수되어
은빛 반짝이는 여름날
아이들 감싸 환호하고
물장구 파도를 타고
풀잎처럼 싱싱한 바다 동무하여
입마춤하던 아름다운 강물
이제는 잊혀져 사라진 저 바다의 과거.

육감의 바다

닻줄 내리랴 물흐름 가름하랴
몸 맡겨 일렁이는 배
파도 기웃거리면
중심의 반 뱃전에 부서진다
사려논 낚시줄 긴장하고
출발신호 기다리는 선수처럼
호흡 고른다
조류 바다 밑 입맞춤하는 소리
눈으로 찾지 말고 마음으로 읽어라
좁고 긴 늪의 행렬
숲 기름 지나 지나면 모래평야
물 내음 콧속 스믈스믈 다가오면
물때 빛깔 육감으로 짚어야 한다
그래 알맞은 길목 잡은 듯한 예감
비릿내 풍성하게 묻어나는
나의 보리밭
아버지가 고히 모신 바다
알맞은 조류 따라 흘러가는 낚시

햇빛에 사금파리처럼 반짝이다
영영 돌아서지 않을 것처럼
시울紗만 풀어 먹는다
수심 따라 내려가는 자리
물빛 어려 시린 눈 어지러워도
겁날 것 없어
대어 넙치 한 마리
웅크리고 있을 것 같은 예감속
경계하는 눈 찾아 가리라
잘 익은 미끼 코 간질이는 욕망들
경계 늦추지 않는 습성
금세 잊고 다가 오리라
손끝 두드릴 때까지 넉넉히
기다리자 침착하게.

초혼의 바다

1

바다라면 멀리든 가까이든
어부들 혼 꺼낼 수 있다
물고기가 뜯어 삼킨 육신
바다 깊은 곳 산호되고
살아 찝찔한 파도에 육탈되어
철퍼덕 뱃전 부딪치며
아우성친다
그저 사는 데 취해 부르는 소리
듣지도 느끼지도 못하고
뱃전 서성이는 우리 이웃 얼굴
삿대로 자꾸 저어내고만 있네
그리운 누구의 전송도 없이
밀려 떠내려가는 어부
한줌 흙이라도 되어 저 산머리
어딘가 누울 수만 있다면
그대 찾아가 염이라도 하련만
이 넓은바다 어디다 대고

위로하란 말이냐
허공 돌아와 귓전 머물러
파도되는 소리 들으면
그대 혼 가까이 있겠지.

2
떠내려와 방황하는 나뭇가지
파란잎 한움큼 달고 출렁이네
파도 갈아논 물결 따라
소금 절어 아직 펄펄 살아있네
여기가 어디냐
검푸른 바다 진산 앞
좌청룡 우백호 명당
하늘 맞대고 살아온 푸르름
어느 폭풍 속 헤메이다가 허우적거리나
세찬 물살 시달리며 흘러와
둥둥 구름 올려다 보면
보다 속 넓은 푸르름 있을까

하늘 땅 흘러가는 강 바다
가늠하는 푸른세상
떠내려 가네 저 아늑한 세상 밖으로.

무심한 바다

저 물길 속 낯익은 얼굴이 떠오르네
내 얼굴 함께 출렁이다
희미하게 보이다 가라앉는 얼굴
수백 천길 바다에만 머무르는 어부
애비들 할애비들 혼백이 살아있는 바다
넓은 수면 그림자처럼 넋도 어른거려
얼굴 안에 얼굴들 다가오다
사라지는 건 분명 닮은 꼴 어부
꿈속 찾아온 아비 얼굴
어부 되어가는 아이 얼굴
안된다고 절대로 안된다고
시퍼런 바닷물이 말씀하신다.

아버지 혼불의 바다

바다 나서면 아버지
늘 거기 살아 숨쉬고 있다
하얀 선체 푸른 깃발 달고
항해하는 곳 어디든 끄떡없었다
언젠가 내게 일러주시던 그 바다
어부가 섬기는 혼불이 있다는데
세월가며 바라보아도
그 빛 볼 수 없어 파도 몸 맡겨도
배만 덩그러니 서있는 곳에
종일 마주서서 찾아헤매도
아버지 넋 찾지 못했다.

고즈넉한 바다

바람 멎은 고즈넉한 바다는
뱃전 부딪히는 물소리와
한가로히 조류 맡긴 채 떠간다
스쿠류 감겨 살아나는 진동
사랑스런 요람이라 하자
낚시줄 뱃전 물결 합류하여
제 멋에 춤을 춘다 신나게 추어라
해안 멀리 아슴푸레 떠있는
어선들 한적한 풍경
저들도 가슴 졸이는 오늘 어황
만족이나 할까
구름 속없이 부풀러오는 먼 곳
수천 개 파도 수평 머무르며
물이랑 노닐다가 햇빛 되겠지

돌아갈 시간 작업 서두를 때다
늘어논 뗏줄 사리고
갈고리 작살 로프 따위 제자리서

풀어 모은다
물밑 스쳐가는 숱한 무리
시울따라 돌아서는 물방울이
물밑 그림자 들어낸다
사막 같은 바다
걸어온 길 흔적 없어
더듬어 발자국 찾아가리
시간 없어 한번에 당기리라.

귀항의 바다

1

바람 세北로 돌아서려나
뱃머리 제몸 추스려
부표와 나란히 섰다 갈라져
파도 불러오려나
차가운 바람 마주하면
서있을 자리 허둥대다
시울마저 고정할 수 없다면
사려논 줄마저 늦추어 주자
하루에 중참을 한참 넘어
무료함 함께 하여 오는 피곤이
몸속 스믈스믈 기어간다
조류를 탄 배 물길 거슬어
더도 덜도 않은 닻 무게 담아
나른한 몸 안으로 가두자
기다려야 잔챙이도 못볼 걸
채근하여 돌아갈 채비나 할까

2

그러다가 문득 호일끈 감아 힘껏 당기니
녹슨 기관 요란스레 기침하며
일어나 기지개 튼다
부표와 닻 걷어들이는 동안
제몫 위해 멋대로 요동치는 배
돌아갈 채비 서두른다
치舵 비스듬이 세워라
파도 철버덕 앞뒤 가늠하느라
정신없어 몸 움츠려도
돌아갈 길까지야 채근마라
구름 아래 산과 산 삼각 깃점
눈으로 짚어 떠올리는 길
저기 해안선 따라 퍼진 백사장
손 흔드는 소리 가슴에 남아
가는 뱃머리 되짚어 흔들며
물살 갈라 쉼없이 가노라면
깃발 하늘에 선 등대 바라보며
기다리는 둥지 찾아 들겠지.

3

바람을 거스리며 돌아갈 시간
부딪치는 샛바람 눈에 녹아
스산스런 마음까지 비워둔 채
허공 올라타 눈물 나르는
고즈넉한 귀항
오늘 노동 멍텅구리 고기잡이라
서운한 마음 없다지만
그늘 져 눈에 어리어
보리고개 불황 세세년년 도지는 병
어부 누구나 수심타는 병
눈 속 그렁그렁 묻어나는 세월
새벽오면 다시 그리는 희망이라는 그림 한폭
떠도는 어부의 마음 춤이라겠지
신들린 덩실덩실 한이라겠지.

4

한도 없이 달려드는 파도
빈 가슴 채곡 채곡 쌓이는 곳

시퍼런 물 위 오르는 거품
채우려도 뿌리쳐 달아나는 꿈
가슴으로 심을 거야
새벽 오면 다시 찾아와 자리할 곳
머릿속 새 그림 궁리하며
귀항하는 길 다듬어 돌아가자
내일은 내일의 해가 뜬다고 했던가
하지만 언제나 거기 그대로 있는 바다
때로는 무섭게 제 가슴을 뒤엎다가
가슴으로 껴안는 부드러움
상처 깊은 방파제 부축하여
바다는 하나되는 법을 알려주려
저리 파도되어 오지 않더냐.

5
뱃길 제자리 찾아들면
물빛 하늘 닿아 환장하고
널린 푸른 들판 돌아보아도

오늘따라 숨죽인 잔잔한 바다의 몸부림
적당히 포말되어 나를 미는가 하면
와서 부딪혀 내 아픈 흔적을 위로하고
내 마음의 항구로 돌아갈 길 재촉한다
오다가 반쯤은 명상에 들어
흥얼거리는 뱃노래
하나 하나 살아나는 소리 새로워
돌아보니 허허로운 들판처럼
둥둥 떠내려 가는 피곤한 환영
벌거숭이 어부 헤엄쳐가네
철퍼덕거리면 누워서 저 바다를 걸어가네.

6

방파제 돌아서는 뱃길
술렁이는 부둣가 어판장 눈에 띄면
언제나 안심되는 가슴
어디든 푸른 빛 감싸안은 바다
홀로 하루 조업 마치고

집 찾아 오는 걸음 가슴 시려도
살아 숨쉬는 고기잡이
그래도 내 생은 행복하였다 말하리라
태어나 살며 바다 있는 한 저 파도 있는 한
지난 세월 끈적한 해풍에 절어
손바닥 얼굴 흔적 다 후벼내어
험한 고통 앙금되어 내 뼛속에 자리잡아도
바다로만 떠도는 혼불을 찾아
불귀不歸의 넋이 되더라도
어부의 길이 순리라면
결코 거역하지 않으리라
내 미워하는 그러나 사랑하는 부두
나 거기 떠나지 않는 한
한세상 꿈꿀 수 있으리라
나 그곳에서 죽을 수 있으리라.

■ 해설

바다에서 건져 올린 체험적 삶의 반영

서범석(문학평론가 · 대진대 교수)

1

문학은 '인간탐구의 예술' 이라고 말할 수 있다. 다른 어떤 장르의 예술보다 직접적이고 적극적인 방법으로 인간의 삶을 형상화하기 때문이다. 따라서 문학은 인간의 의식, 사상, 정서 등이 어우러져 빚어낸 미적인 언어 조직체인 것이다. 이러한 문학의 속성으로 인하여 시문학에서는 인간 삶의 가장 원초적 문제인 '먹을거리' 의 마련과 관련된 노동, 가난, 고달픔, 갈등과 같은 내용들이 아주 오랜 옛날부터 중요한 제재로서 형상화되어 왔던 것이다. 시문학의 원형질이라고 할 수 있는 민요를 보면 이러한 사실을 어렵지 않게 확인할 수 있다. 이와 같은 먹을거리나 일과 관련된 문학작품들은 당연히 노동현장의 체험적 반영

이나 일하는 사람의 고달픔 등이 그 주조를 이루고 있는 것이다. 근래에 와서 이러한 경향의 문학적 특성을 우리는 리얼리즘이라는 카테고리로 묶어 보려고 하는 것이리라.

우리 문학사에서 이러한 리얼리즘적 성격을 지닌 시의 장르로는 농민시가 유구한 역사를 가지고 있는 것이고 근대에 이르러 노동시를 비롯한 여러 가지 흐름이 형성되고 있다고 할 수 있다. 그러나 아직까지 어민의 삶을 집중적으로 그려낸 시, 이를테면 '어민시' 라고 이름붙일 만한 시나 시인이 부각된 적은 없는 것 같다. 그런데 김영현의 첫 시집 『바다의 일생』은 바다에서 일하며 살아가는 어민의 삶을 그려낸 시들로 가득 채워져 있어 관심을 불러일으키기에 충분하다. 강원도 주문진에서 태어나 지금까지 한 번도 고향을 떠나지 않고 그곳의 바다에서 생업을 계속하면서 그 삶과 일의 현장을 형상화하고 있는 김영현 시인의 작품은 그러니까 충분히 '어민시' 라 부를만한 조건을 갖추고 있다는 것이다.

'농어촌' 이라는 말이 있듯이 농업과 어업, 농민과 어민은 사실 둘이면서 하나인 것처럼 인식될 만큼 그 유대가 매우 밀접한 것이다. ① 먹을거리의 생산, ② 고된 노동, ③ 넉넉하지 못한 경제 사정, ④ 갖지 못한 자의 절망이나 비판의식, ⑤ 사회의 구조적 모순에 의한 희생양, ⑥ 친자

연적 환경, ⑦ 어촌에서의 겸농 현상 등은 둘의 밀접성에 대한 근거가 될 수 있을 것이다. 인류 문화사적으로 보면 오히려 어업이 농업보다 더 오래된 산업이겠지만, 단지 어촌이 바닷가라는 지역으로만 한정되기 때문에 그 면적이나 인구수가 농촌이나 농업에 비해 현저히 적기 때문에 문화적 스펙트럼이 도드라지지 않을 뿐이다. 어촌에도 농촌문화와 대등한 여러 요소를 갖추고 있는 것이며, 농촌문화와 하나로 묶어도 좋을 동질성을 가지고 있는 것이다. 따라서 이 시집에 들어 있는 김영현의 작품들도 농민시와의 동질성을 태생적으로 가지고 있는 것이다. 다만 대상에서 농민과 어민, 즉 '농'과 '어'라는 글자 하나만 구별될 뿐이라는 말이다. 그러니까 이 시집에서 '바다'는 농토이며, 거기에서 잡는 '생선'은 농작물과 다르지 않다. 사실 김영현 시인은 여러 작품에서 바다를 자연스럽게 들판, 보리밭, 벌판, 텃밭 등으로 자주 표현함으로써 이러한 동질성 또는 동류의식을 무의식적으로 증명해 보이고 있기도 하다. 이와 같이 김영현의 시세계를 농민시적 성격을 두루 갖춘 '어민시', 즉 어민의 삶을 형상화하여 식량생산의 현장성과 그것에 따른 삶의 고통과 애환을 리얼리즘의 자장 속에서 그려낸 민족문학으로 가정하고 그 내용을 간략하게나마 검토해 보기로 한다.

2

말할 필요도 없이 김연현의 시에는 '바다' 모티프가 가장 중요한 요소로 자리잡고 있다. 바다와 관련되지 않은 작품은 이 시집에 들어 있지 않다. 대부분의 일반인들에게 바다는 농촌과 마찬가지로 아름다운 자연 풍광으로 인식되어 있다. 그리하여 바다는 관광여행의 대상지로 또는 휴식처로 현대의 도시인들에게는 각인되어 있다. 그러나 어민들에게 바다는 단순한 자연경관이 아니라 삶의 터전이며 고된 노동의 현장일 수밖에 없다. 그리하여 김영현은 농경민족으로서의 원형적 상상력을 작동시켜 바다를 '나의 보리밭' (「육감의 바다」), '내 필생의 일터/ 하루를 건져내는 텃밭' (「소망의 바다」), '황량한 벌판' (「빈 터」), '광활한 사막' (「길의 바다」) 등으로 형상화하고 있는 것이리라. 즉 김영현의 시에서 바다는 첫째로 먹을거리를 얻는 '생활의 터전' 이라는 기본적인 의미를 거느리고 등장한다. 농민이 흙을 떠나 살 수 없듯이 어민은 바다를 떠나 살 수 없는 것이다. 거기에는 광어, 멸치, 문어, 오징어 등의 먹을거리(농작물)가 있고, 그것들을 기르거나 수확(물질)하는 생명의 젖줄로서 바다는 기능하는 것이다. 그러므로 어민들은 날마다 고단한 몸을 이끌고 새벽부터 바다로 향하지 않을 수 없는 것이다.

밤새 날샌 어판장 불빛
항구에 가라앉아 기척도 없다
철퍼덕 떠오르는 물 푸른자락
아직 혼수상태로 뱃전 숨어
가쁜 숨 토해내고
저희들끼리 살 부비며
출항 서두를 시간 잊은 채
고단한 침묵만 나른다
늪에 빠져 허우적거리며
일어나라 가야할 시간이다
등짐 꾸려온 어구 미끼도
제 살피찾아 앉고
낡은 기관 툴툴 기지개 틀어
어판장 쓸어 항구 두드리며
물살 갈라 뱃길 틀 준비한다.
—「침묵의 바다」 전문

새벽 출항을 앞둔 어민의 모습을 그린 작품이다. 여기에서 바다는 어민과 완전히 동격으로 나타나 있다. '아직 혼수상태로', '고단한 침묵'으로 일렁이고 있는 바다는 그대로 새벽 어민의 모습 그것인 것이다. '뱃전 숨어' 있는 것도 세상과 격리된 어민의 생활 모습과 흡사하고, '가쁜 숨 토해내고' 있는 것도 어민들의 힘겨운 노동을 떠올리게 한다. '저희들끼리 살 부비며' 살아가는 것도 끼리끼리 정 나누며 살아가는 어민들의 소외된 삶과 무관하지 않다. 농민들이 그들의 젖줄인 땅과 하나가 되어 살아가듯이 어민들도 바다와 하나가 되어 살아가고 있는 모습이 거의 모든 작품에 표상되어 있는 것이다. 이러한 바다와 어민의 일체감은 '조류 바다 밑 입맞춤하는 소리' 도 마음으로 읽어낼 수 있으며, '물 내음 콧속 스믈스믈 다가오면' (「육감의 바다」) 육감으로 물고기가 있는 곳을 찾아내기도 하는 것이다. 뿐만 아니라 아예 어부를 바다에 살고 있는 물고기와 같은 모습으로 형상화하기도 한다. 「놀래기」라는 시가 그 좋은 예가 되는데, 이 시의 화자는 돌아가신 아버지의 얼굴이 '돌틈 몸사린 겁 많은 놀래기 닮았다' 는 것을 늦게 터득했다고 고백한다. 삼치과 돌참치를 '놀래기' 라고 어민들은 부르고 있다는 것인데, 이놈은 위험이 닥치면 '깜짝깜짝 놀라는 순한 보호색' 을 띠고 있다고 한다. 못생기고 겁쟁이인 놀래기이지만 '묵묵 붙박이로' 한평생을 살아가는 모습은 순박한 어민(아버지)의 모습과 전혀 다르지 않음을 노래하고 있다.

이렇듯 어민과 바다가 하나의 생명줄로 연결되어 있기 때문에 어민들은 바다를 떠나 살 수 없는 것이며, 잠시라도 떠나는 일이 생겨도 이내 돌아가고 싶어 안달이 나는 것이다. 바다는 언제나 돌아가고 싶은 고향이며 어머니의 품인 것이다. 그리하여 「동해 바닷가집」에서는 '바다 잘 보이는 언덕/ 등대 길따라 다닥다닥 붙은/ 동해 바닷가집 들이/ 군데군데 이빨 빠진듯 텅 비었어' 라고 말하는 화자가 등장하고, 「늪에서」에서는 화자가 잠시 세상의 환락에 눈을 돌렸다가도 '끊을 수 없는 헤로인이 되어' 다시 '파도가 으르렁거리는 황망한 바다로' 돌아가는 것이다. 바다는 '사랑스런 요람' (「고즈넉한 바다」)이 되는 것이다. 이러한 바다의 인력 때문에 어민들은 죽어서도 그 혼들이 바다에 사는 것이리라. 「초혼의 바다」에서는 '바다라면 멀리든 가까이든/ 어부들 혼 꺼낼 수 있다' 고 하고, 「무심한 바다」에서는 '애비 할아비들 혼백이 살아있는 바다' 라고 말하고 있다. 또 「물질하기 좋은 날」에서는 죽은 친구의 환영을 만나고, 「아버지 혼불의 바다」에서는 '바다 나서면 아버지/ 늘 거기 살아 숨쉬고 있다' 는 화자를 만나게 된다. 그래서 바다는 '어부 살아 섬기는 넋' (「아버지 혼불의 바다」)이 되는 것이다. 살아서도 죽어서도 떠나지 못하는 어민과 한몸이 되어 바다는 푸르게 일렁이고 있는 것이다.

그러나 바다는 먹을거리를 제공하는 '생명의 젖줄' 로서의 순기능만으로 작동하는 것이 아니다. 어민들은 살아가기 위해서 고된 노동을 감내해야 하는 것이고, 그렇기 때문에 고단하고 팍팍한 노동 현장으로서의 의미도 함께 시속에 형상화되는 것이다. 계속되는 물질로 인하여 잠수병이 생기도 하고, 낚시질로 인하여 '바다 복사열이 주는 따가운 햇살/ 갈색 반점 피부암 선물한다' (「소망의 바다」)는 것이다. 즉 고된 노동 때문에 '병을 주는 바다' 가 되기도 하는 것이다. 그래서 '바닷바람은/ 숨이 차 헐떡이는 어부 닮았다' (「바람난 바다」)고 표현되기도 하고, '슬픔만 살아나는 바다' (「장마」)가 되기도 하는 것이다. 그리하여 '사막 같은 바다/ 걸어온 길 흔적 없어' (「고즈넉한 바다」)라고 가파른 삶을 한탄하기도 하고, '내 푸른 청춘의 바다/ 어디 있느냐/ 너의 비명만 요란하다' (「눈먼 바다 」)라고 '원망의 바다' 로 나타나기도 하는 것이다.

3

김영현의 시에서 바다는 곧 어민들의 젖줄이면서 한 몸과 같이 소중한 것이지만, 고단한 노동의 현장이기에 병을 주기도 하고 원망의 대상이 되기도 한다는 것은 곧 그들의 삶이 순탄한 것이 아니라는 사실을 반증하는 것이리라. 김영현의 모든 시는 순탄치 못한 어민들의 삶을 문학적으로 확인하는 증명서와 다르지 않다.

떠내려가는 것은 하늘이었으리
밤새워 동트일 일만 기다리다
지쳐 지쳐 잠이 들라
화들짝 놀라 깨어 보면, 온통
하늘은 금빛이려니.

떠내려가는 것은 바다였으리
침묵으로 세월 낚아 올리다
지쳐지쳐 잠이 들라
어림잡아 선눈 뜨면, 온통
바다는 옥빛이려니.

떠내려가는 것은 파도였으리
밤새워 철벅 철버덕 헤매다
지쳐 지쳐 잠이 들라
물소리 바람소리 귀 기울이면, 온통
파도는 은빛이려니.

선부船夫야 선부야
아무리 힘들어도 힘들어도
바다의 일생이여
빛이 되거라.
—「빛이 되거라」 전문

이 시는 밤을 새워 물질하는 현장을 그려내면서 그 어민의 의식세계를 그려내고 있다. 어민이 겪어야 하는 노동의 성격을 잘 나타내 주는 구절이 제1연에서 제3연까지 반복되고 있는 '잠이 들라' 이다. 간단히 말하면 잠과 싸우는 야간 노동의 현장인데, 우리는 잠이 오는 이유를, ① 모두 잠자는 밤이니까, ② 힘든 몸이니까, ③ 즐겁게 해 주는 것이 없으니까, ④ 같이 이야기할 사람이 없으니까, ⑤ 고기가 잘 잡히지 않으니까 등으로 추측해 볼 수 있다. 그것은 곧 ① 특별 야간 수당이라도 받아야 할 힘든 노동, ② 부단히 삭신을 움직여야 하는 육체노동, ③ 열악한 환경에서 수행하는 노동, ④ 고독한 긴 시간을 견뎌야 하는 노동, ⑤ 그럼에도 불구하고 일에 대한 보상이 만족스럽지 못한 노동의 희생적 의미를 함축하고 있는 것이다. 아무리 피곤해도 잠들어서는 안 되기에 '들라' 라고 하는 '염려' 의 의미를 가진 어미를 붙여 스스로를 경계하면서 잠과 싸우면서 버티고 있는 고단한 일터를 그리고 있는 것이다. 그러나 지치고 힘든 시간에도 선눈 뜨고 바라보면 하늘은 금빛, 바다는 옥빛, 파도는 은빛인 것으로 노래하고 있음에 주목할 필요가 있다. 아무리 힘들어도 바다는 늘 아름답고 희망을 안겨주는 존재라는 것이며, 그러하기에 '바다의 일생' 을 사는 선부船夫는 '빛이 되라' 고 기원하고, 염원하고, 격려하고, 소망하는 어민시인 김영현의 의식세계를 읽어낼 수 있는 것이다. 이러한 지점에서 우리는 국민의 먹을거리를 담당하면서 1차산업 현장에서 일하고 있는 기층민들의 믿음직스럽고 고마운 삶에 대한 깊은 감동과 동류의식 속으로 함께 빠져드는 것이다.

비록 내 눈이 외짝으로 쏠려 모래톱가 상사리에 뉘 알까? 몸사려 가막풀 물이끼로 몸단장하고 행여 장가갈 꿈꾼 새벽녘 내와 행색이 같은 쏠린 외짝눈 달린 년 꼬셔 신방 차렸어. 그년 살림 꼼꼼 애교 알쌍 많으나 온 동네 싸돌아다니는 게 흠이라 나들이할 땐 치는 놈 챙기는 놈 조심하라 누누이 일렀건만 한여름 복더위 모래창 훤히 열고 일광욕 즐기는데. 이년 제 또래 불러다 희희낙락거리더니 예의 내 집 지붕 위 시끌벅적 고함소리에 선잠 깨었어. 이년들 겁없이 물 위에서 내려온 흰 줄가닥을 선녀님 두레박 끈이다 아니다 싱강 부리더니 줄다리기 그네타기 웃사람 흉내내다 덜컥 물 위로 떠오르네. 그년 여보 여보 애절한 구원소리 헐레벌떡 뛰었지만 도둑놈 두레박끝 가물가물 물섶을 치닫네.

이놈 세상 없는 돈 다 발라먹고 이놈 마누라까지 집어삼켜. 그년 팡파짐한 뱃장에다 알까지 모셔 놨는데.

—「광어」 전문

이 작품의 시적 화자는 바다의 물고기인 '광어'로 되어 있다. 이 화자는 눈이 왼쪽으로 쏠려 있고, 보잘 것 없는 외짝눈의 신부와 결혼을 했으며, 그 신부는 임신을 한 상태인데 동료들과 희희낙락거리다가 도둑놈(어부)의 두레박(낚시)에 잡혀 올라간 것으로 되어 있다. 광어 낚시질을, 시점을 바꿔 광어가 말하게 함으로써 흥미 있는 구조로 표현한 시이다. 초혼에 임신한 신부를 도둑놈에게 빼앗긴 신랑 화자의 절망과 도둑놈에 대한 원망이 선명하게 서려 있다. 그 한의 가락이 전통적 판소리 율격을 차용하고 있는 것도 의미심장하다. 여기서 우리는 광어가 어민 또는 갖지 못한 하층민의 상징으로 읽혀질 수 있음에 눈을 돌릴 필요가 있다. 어부는 물고기에게는 도둑놈이지만, 가진 자들에게는 목숨마저 빼앗기는 물고기에 지나지 않는다. 그러니까 이 시는 전통적으로 물려받은 한스런 삶을 이어가는 민중의식을 형상화한 시로 읽을 수도 있는 것이다. 그것은 사회의 구조적 모순에서 오는 빼앗긴 삶의 표상이며, 빼앗는 자에 대한 비판과 저항의식을 상징적으로 표상하고 있다는 말이다.

이러한 현실주의적 시의식의 발원지는 말할 것도 없이 가난하고 고달픈 어민들의 질곡적인 삶이다. 어판장에 있는 해장국집에서 선술과 함께 아침 시레기국을 먹고 있는 어민들의 행색을 이야기하고 있는 「새벽 어판장」은 '드럼통 쪼갠 원탁의 상 밑에 널린/ 양미리 뼈다귀와 휴지처럼/

구겨지고 패인 얼굴들' 로 어민의 모습을 그려내고 있다. 여기서 보이는 '양미리 뼈다귀' 나 '구겨진 휴지' 조각은 어민들의 축적된 고단함과 신산한 삶을 함축하고 있는 객관적 상관물로서 독자들의 마음을 흔들어 놓는다. 이렇게 어민들은 힘겨운 노동을 운명처럼 이어가지만, 고기마저도 계속 잘 잡히는 것이 아니기에 더욱 어려운 것이다. 그래서 '기대하는 맘이야 어련하리만/ 출항해도 호황 이룰 수 없는 바다/ 씨 말린 건 우리이기에/ 그 누구도 탓할 수 없어' (「흉어기」)라는 흉어철의 애타는 어민들의 심정을 그려낸 시도 만나게 되는 것이다. 먹고 살기 위해 서로 치열한 경쟁을 하며 고기잡이를 하지만 무분별한 남획은 생태계의 파괴를 불러와 흉어철을 만들고, 고기가 잘 잡히지 않기에 긴 잠수시간을 보내며 어부들은 더욱 힘든 노동을 하게 되는 것이다. 그러기에 어획량의 감소는 물론이고 피부암이나 잠수병 같은 질환을 얻어 더욱 고생을 증폭시키는 악순환의 고리에 말려들어가는 것이 어민들의 삶인 것이다. 그러면서도 어민 부부들은 '날마다 이별하고 기약하고/ 기다리며 만남을 약속하는 끈(「출항」)' 을 붙들고 오늘도 출항을 계속하면서 '멸치들 제 힘껏 달아나 보지만/ 쫓아가며 포식하는 무리 피할 수 없어' (「작은 생명들」) '허기진 삶' 을 살아가고 있는 것이다. 어민들의 이러한 삶은 대를 이어 계속된다는 데 더 깊은 사회역사적 모순이 있다.

내 어렸을 때 아버지는 이름난 뱃꾼이라
운수 좋으나 싫으나 밖으로만 맴도시니
바다 험하게 기침하는 날 아니면
만날 수 없었다
항상 파도에 묻혀 떠나시고
뱃머리埠頭를 떠다니시고
목로를 떠다니시고
돌아오신 기척에 방문을 열면
구들장 가득 둥둥 떠다니신다
절은 풍상 다 패였어도
떠내려가는 내 손목 잡고
길목을 잡고 가슴을 잡고
물질 속살 갈라 빗장 풀어내는 소리
눈으로 가르치셨다
—「아버지」 부분

이 시에서 어민인 아버지의 행동은 '떠다닌다' 로 요약할 수 있다. 파도에, 뱃머리에, 목로에 떠다니는 아버지의 힘겨운 일정은 잠을 자면서도 떠다니는 것으로 그려지고 있다. 그것은 어민의 삶이 뿌리 뽑혀 부유浮游하는 하루살이 삶에 지나지 않음을 강조하고 있는 것이리라. 그런데

이 아버지는 아들에게 손목 잡고, 가슴 잡고, 눈으로 이 어려운 어업노동을 물려준 것이다. 간난의 삶은 대대로 이어지고 있어 숙명적 비극임을 증언한다. 이러한 어민들은 죽음까지도 애처로워 '그리운 누구의 전송도 없이/ 밀려 떠내려가는 어부/ 한줌 흙이라도 되어 저 산머리/ 어딘가 누울 수만 있다면/ 그대 찾아가 염이라도 하련만' (「초혼의 바다」)이라고 그려진다. 적지 않은 어민들이 바다와 함께 살다가 바다에서 일생을 마치게 되므로 시신을 찾을 수 없어 심지어 염도 할 수 없이 저 세상으로 간다는 것이다. 이렇게 되면 그들의 삶 속에서 비판이나 저항의식이 자리 잡게 되는 것은 당연지사인 것이다. 그래서 「어떤 복지어촌」, 「물질하기 좋은 날」, 「바닷길을 걷다」, 「포옹하는 바다」, 「잊혀진 바다」 등에서는 수협 간부, 국가, 정치인 또는 사회제도 등의 모순을 고발 · 비판하고, 나아가 「꿈」, 「파도 가르기」 등의 시에서는 민족분단의 현실을 드러내거나 통일지향의식을 형상화하기도 하는 것이다.

4

이상과 같이 살펴본 김영현의 시에 깃든 의식의 지향성은 한 마디로 기층민으로서의 어민들의 질곡적 삶의 형상화를 통한 전통적 민족의식의 고양이라고 말할 수 있다.

이러한 측면에서 생각할 때, 그의 작품들 속에 보배처럼 숨어 빛나고 있는 어촌 또는 어민생활과 관련되는 .柁유어들의 쓰임을 지나치기 어렵다. 세[北], 마[南], 치[舵,], 시울[紗], 뱃장[船上], 나릿가[漁村], 너부리[移動], 시망바리, 잡어바리, 고대구리, 세짓거리, 뒷방치기, 통머구리, 오랍드리, 놀래기, 상사리, 물질, 알쌍, 챔질, 물목 등이 그것인데 이러한 민족 고유의 언어들이 수행하는 민족시의 사회적 기능은 참으로 고귀한 것이 아닐 수 없는 것이다. 시의 사회적 기능이란 민족문화 발전의 근본적 역할을 말하는 것인데, 시문학이 사상의 표현보다는 다른 언어로 표현할 수 없는 고유한 민족의 감정과 정서를 표현함으로써 얻게 되는 민족적이고 지역적인 시의 기능을 이르는 T.S 엘리엇의 말이다.

김영현 시인은 어쩌면 '찢기고 스러져 다시 살아내는/ 풀잎에 움트는 꽃잎일 거야' (「봄날 물잡이」)처럼, 고난을 이겨 다시 살아내려는 꽃잎 같은 어민들의 삶에 집중적인 조명을 가한 첫 시인으로서의 자격을 이 시집으로 마련한 것인지도 모른다. 만일 그렇지 않더라도 민족적 삶의 애환과 꿈을 전통적 가락과 민족 고유어로 빚어낸 체험적 시정신은 바다처럼 늘 푸르게 살아 있을 것이다. 그의 수작으로 읽혀지는 「귀항의 바다」에서 노래하고 있듯이 저 바다와 파도가 있는 한 '내 생은 행복하였다고 말하리라'

는 그의 꿈이 항상 시와 함께 푸르게 빛나기를!